新新世纪◎编

藏在古文观止里的

那些事儿

② 周文

新疆生产建设兵团出版社

《古文观止》中的
那些 经典语句

郑子产　唯有德者能以宽服民，其次莫如猛。

◎《左传·子产论政宽猛》

召　公　防民之口，甚于防川。

◎《国语·召公谏厉王止谤》

单襄公　夫辰角见而雨毕，天根见而水涸，本见而草木节解，驷见而陨霜，火见而清风戒寒。

◎《国语·单子知陈必亡》

叔　向　若不忧德之不建，而患货之不足，将吊不暇，何贺之有？

◎《国语·叔向贺贫》

公羊高　许人臣者必使臣，许人子者必使子也。

◎《公羊传·吴子使札来聘》

宫之奇　语曰："唇亡则齿寒。"

◎《穀梁传·虞师晋师灭夏阳》

曾　子　君子之爱人也以德，细人之爱人也以姑息。

◎《礼记·曾子易箦》

重　耳　父死之谓何？或敢有他志，以辱君义？

◎《礼记·公子重耳对秦客》

文　子　是全要领以从先大夫于九京也。

◎《礼记·晋献文子成室》

目 录

周文

江山社稷德为先

子产论政宽猛

郑国的子产生了病，他对子太叔说："我死了以后，您肯定会执政。只有有德行的人才能够用宽和的方法来使百姓服从，不然就不如用严厉的方法。火猛烈，百姓一看见就害怕，所以很少有人死在火里；水柔弱，百姓亲近而在其中玩耍，因此有很多人死在水里，所以运用宽厚的施政方法很难。"子产病了几个月之后就去世了。

太叔执政，不忍心施行猛政而采用宽政。郑国的盗贼很多，聚集在萑苻（huán fú）泽里劫掠过往行人。太叔得知后感到后悔，说："要是我早听子产他老人家的话，就不会到这种地步了。"于是，他派步兵去攻打萑苻的盗贼，把他们全部杀了，盗贼才稍稍有所收敛（liǎn）。

孔子说："好啊！施政宽和，百姓就怠（dài）慢，百姓怠慢就用猛政来加以纠正；施政严厉，百姓就会受到摧残，百姓受到摧残就施以宽政。用宽政来弥补猛政的缺失，用猛政来弥补宽政的缺失，政事才会因此而和谐。《诗经》上说：'百姓已经辛劳，企

盼能稍稍得到安康；在京城之中施行仁政，以此来安抚四方诸
侯。'这就是施行宽政。'不能放纵欺诈善变的人，以管束心存
不良的人；要制止掠夺暴虐的行为，那些为非作歹的人向来残
忍而不惧法度。'这是用猛政来纠正宽政的缺失。'安抚边远的
地方，统治好自己周边的地方，以此来安定我王室。'这是用
平和的政治来安定国家。又说：'不急不缓，不刚不柔；施政
宽和，各种福禄就会聚集。'这是宽和到了极点。"等到子产去
世，孔子得到了消息，流着眼泪说："子产继承了古人仁爱的遗
风啊！"

原文欣赏

　　郑子产有疾，谓子大叔①曰："我死，子必为政。唯有德者能以宽服民，其次莫如猛。夫火烈，民望而畏之，故鲜死焉；水懦弱，民狎②而玩之，则多死焉，故宽难。"疾数月而卒。

　　大叔为政，不忍猛而宽。郑国多盗，取人于萑苻③之泽。大叔悔之，曰："吾早从夫子，不及此。"兴徒兵以攻萑苻之盗，尽杀之，盗少止。

　　仲尼曰："善哉！政宽则民慢，慢则纠之以猛，猛则民残，残则施之以宽。宽以济猛，猛以济宽，政是以和。《诗经》曰：'民亦劳止，汔④可小康；惠此中国，以绥四方。'施之以宽也。'毋从诡随，以谨无良。式遏寇虐，惨不畏明。'纠之以猛也。'柔远能迩，以定我王。'平之以和也。又曰：'不竞不絿⑤，不刚不柔，布政优优，百禄是遒⑥。'和之至也。"及子产卒，仲尼闻之，出涕曰："古之遗爱也。"

注释

①子大叔：游吉，春秋时郑国正卿，后接替子产执政。②狎：轻慢。③萑苻：泽名，因葭苇丛生而便于藏身。④汔：差不多。⑤絿：急躁。⑥遒：积聚。

8

写作技巧

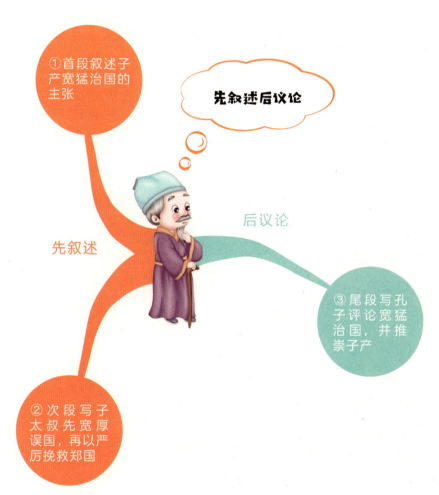

先叙述后议论

①首段叙述子产宽猛治国的主张

先叙述

后议论

③尾段写孔子评论宽猛治国，并推崇子产

②次段写子太叔先宽厚误国，再以严厉挽救郑国

国语

　　《国语》是我国最早的国别体史书，记载了从西周穆王十二年（前976）至东周贞定王十六年（前453）周、鲁、齐、晋、郑、楚、吴、越八国的一些史事。

　　《国语》不是自始至终系统性地记载历史，而是有重点地记载若干重大事件，详于记言，略于记事。《国语》文笔浅显，将人物言论和性格表现得惟妙惟肖，文章结构疏密相间、错落有致，具有很高的文学价值和史学价值。

召公谏厉王止谤

周厉王暴虐无道，国都里的人指责他的过失。大夫<ruby>召<rt>shào</rt></ruby>公告诉厉王说："百姓受不了你的政令了！"周厉王很恼怒，找来一个卫国的巫师，监察指责自己的人，只要巫师来报告，厉王就将被告发的人杀掉。国都里的人于是都不敢说话了，在道路上碰见，彼此只用眼神示意。

厉王很高兴，对召公说："我能够消除百姓的指责了，他们不敢说话了。"召公说："这是堵住了百姓的嘴呀！不让百姓说话，比堵截江河水流还要危险。河流被堵塞，最终会造成堤坝崩溃，被伤害的人一定很多，禁止人们的言论也是这样。所以治理水患的人，会疏通水道以使水流畅通无阻；治理国家的人，应该开导百姓，让他们敢于讲话。所以天子处理政事时，让公卿大夫到下层官员都可以进献讽谏的诗歌，让盲艺人进献反映

民意的歌曲，让史官进献可资借鉴的史书，让少师（官职）进献规劝天子的箴言，让没有瞳仁的盲人作诗，让有瞳仁的盲人吟咏，让各种艺人、工匠向天子进谏，一般百姓的意见可以间接地传达给天子，亲近的大臣要尽规劝国君的责任，和国君同宗的大臣要弥补国君的过失并监督国君的行为，乐师和史官要用乐曲和史书对国君进行教诲，朝中老臣要对天子进行劝诫，然后由天子亲自斟酌裁决，从而使自己的行事不与常理相违背。百姓有嘴，就像土地上有山与河流，财物器用由此产生；就像土地上有原野田地，衣食由此产出。让百姓知无不言，国家政事的好坏就能从他们的言论中反映出来。推行百姓认为是好的东西，防范百姓认为是坏的东西，这正是使衣食财富增多的好办法。百姓在心中思考，然后用言论表达出来，反复思虑成熟后便付诸行动，怎么能堵住他们的嘴呢？如果堵住了百姓的嘴，那么会有多少人赞同呢？"

厉王不听召公的劝告，国都里没人敢讲话。三年后，大家就把厉王流放到了彘地。

原文欣赏

　　厉王虐，国人谤王。召公告曰："民不堪命矣！"王怒，得卫巫，使监谤者，以告，则杀之。国人莫敢言，道路以目。

　　王喜，告召公曰："吾能弭（mǐ）谤矣，乃不敢言。"召公曰："是鄣（zhàng）之也！防民之口，甚于防川。川壅（yōng）而溃，伤人必多，民亦如之。是故为川者决之使导，为民者宣之使言。故天子听政，使公卿至于列士献诗，瞽（gǔ）①献曲，史献书，师箴，瞍（sǒu）赋，矇（méng）诵，百工谏，庶人传语，近臣尽规，亲戚补察，瞽、史教诲，耆、艾修之②，而后王斟酌焉，是以事行而不悖。民之有口也，犹土之有山川也，财用于是乎出犹其有原隰（xí），衍沃也③，衣食于是乎生。口之宣言也，善败于是乎兴。行善而备败，所以阜财用、衣食者也。夫民虑之于心而宣之于口，成而行之，胡可壅也？若壅其口，其与能几何？"

　　王弗听，于是国人莫敢出言，三年，乃流王于彘④。

注释

①瞽：盲人。②耆、艾：古时称六十岁的人为耆，称五十岁的人为艾，这里是指德高望重的长者、老臣。③原：宽广平坦的地方。隰：低湿的地方。衍：低而平坦的地方。沃：土地平坦肥美的地方。
④彘：在今山西霍州市。

写作技巧

譬喻的修辞手法

1.形式特点

"防民之口，甚于防川。"借此喻彼，把"防民之口"比作"防川"

2.手法作用

①结果"川壅而溃，伤人必多"，展现危急形势

②生动形象，增强文章气势

单子知陈必亡

周定王派单(shàn)襄公去宋国访问，于是向陈国借道，以便访问楚国。这时候，已经是商星在早晨升起的夏历十月了。进入陈国境内，野草塞路，难以通行。迎送宾客的官员不在边境，主管路政的司空不巡视道路，湖泊不设堤坝，江河不设桥梁，田野有露天堆积的谷物，农事没有做完就被搁置在一边，道路两边没有树木，已经开垦的田地却像荒草地，膳(shàn)夫不向宾客供应粮食，司里不把宾客接进宾馆，国都里没有驿馆，县城里没有旅店，老百姓要去替夏氏修筑楼台。到了陈国国都，陈灵公和大夫孔宁、仪行父头戴着楚国的帽子前往夏姬家，把宾客丢在一边不接见。

单襄公返回周朝，向周定王报告说："陈侯本人即使没有大的过错，他的国家也一定会灭亡。"定王问："为什么？"单襄公回答说："角星出现，雨水就快要停了；天根星出现，河中的水便要干涸了；氐(dǐ)星出现，草木便要凋落了；房星出现，就要有寒霜降落下来；商星出现，凉风便预告寒冷的到来。所以先王

教导说：'雨水停了就清理道路，河水干涸了就修好桥梁，草木凋落了就开始储备粮食，降下寒霜就要置办好冬衣，凉风吹来了就要修葺城郭和宫室。'所以《夏令》上说：'九月清理道路，十月建成桥梁。'到时还要告诫百姓说：'收拾好你们的农活，准备好你们盛土、抬土的用具，定星出现在中天的时候，土木工程就要开始；火星开始出现在天空中的时候，就到司里集合。'这就是先王之所以不浪费财物却能广布恩德于天下人的缘故。现在的陈国，商星已经在早晨升起，而道路还被野草堵塞，田野、禾场都无人问津，水泽不设堤坝，江河上没有船只和桥梁，这是废弃先王的教导啊。

"周朝的制度上说：'排列树木来标识道路的远近，在偏远的地方提供饮食给往来的行人。京都的郊外有牧场，边境上有客舍和迎接客人的人，湖泽边长有茂盛的草，园囿里有树木和池塘，这些都是用来防御灾害的。其余的地方无不是庄稼地，农家没有农具闲挂着，野外没有深草。不要耽误农时，不要浪费人民的劳力，这样才能使人民生活富足而不困乏、安定而不疲劳。都城的劳役有一定的安排，乡村里的人们有秩序地服役。'现在的陈国，道路通向何方无从知晓，农田处于杂草中间，庄稼熟了没人收割，百姓为了陈侯的淫乐而精疲力竭，这些都是废弃了先王的法制的表现。

"周朝的《秩官》上这样说：'对等国家的宾客到来，关尹要上报国君，行理拿着符节去迎接，候人负责引导宾客，卿士出城去慰劳，门尹打扫门庭，宗伯和大祝陪同宾客进行祭祀，里宰安排住处，司徒调派仆役，司空巡察道路，司寇盘查奸盗，虞人供应木材，甸人堆积柴火，火师监管门庭的火烛，水师督察盥洗诸事，膳夫送上熟食，廪人献上谷米，司马拿出喂牲口的草料，工匠检修客人的车辆，各种官吏都按照自己的职责来供应物品，宾客来了，如同回到了自己的家一样。因此宾客不论身份高低，没有不感激盛情的。若是尊贵国家的宾客到来，就派高一等的官员去款待，态度更加恭敬。若是天子的使臣到来，那就派各部门长官亲自照看接待事宜，派上卿加以监督。若是天子来巡视，那就由国君亲自监督、照管接待事宜。'我单朝虽然没什么才能，但也是周室王族中的一员，我奉天子之命借路经过陈国，陈国的相关官员却没有一人出面迎接，这是蔑视先王的官员啊。

"先王的训令中曾说：'天道奖赏善良，惩罚荒淫。所以凡是我们创建的国家，不许有人从事非法的事情，不应该有人走上懒惰、荒淫的道路；你们要各自遵守自己的法度，以此来接受上天的赐福。'现在陈侯不考虑传续家嗣的伦常，抛弃他的妃嫔，率领大臣到夏家淫乐，这不是亵渎他祖上的姓吗？陈姓是我武王的女儿大姬的后代，陈侯扔掉礼服、礼帽而戴着楚国的帽子外出，这不是有违常理吗？这也是违犯先王的训令啊。

"从前先王的教令，即便全力遵行，还怕失败、失职；假若废止他的教导，丢掉他的制度，轻视他的官员，违反他的教令，这将如何保住自己的国家呢？处在大国中间，却没有这四种东西，难道还能长久存在吗？"

周定王六年（前601），单襄公到了楚国。八年（前599），陈侯为夏氏所杀。九年（前598），楚庄王攻入陈国。

　　定王使单襄公聘于宋，遂假道于陈，以聘于楚。火朝觌^{dí}矣，道茀^{fú}① 不可行也。候不在疆，司空不视涂②，泽不陂^{bēi}，川不梁；野有庾^{yǔ}积③，场功④ 未毕，道无列树，垦田若艺^{yì}⑤；膳宰不致饩^{xì}⑥，司里不授馆，国无寄寓，县无旅舍；将筑台于夏氏。及陈，陈灵公与孔宁、仪行父南冠以如夏氏，留宾弗见。

　　单子归，告王曰："陈侯不有大咎，国必亡。"王曰："何故？"对曰："夫辰角见而雨毕，天根见而水涸，本见而草木节解，驷^{sì}见而陨霜，火见而清风戒寒。故先王之教曰：'雨毕而除道，水涸而成梁，草木节解而备藏，陨霜而冬裘具，清风至而修城郭宫室。'故《夏令》曰：'九月除道，十月成梁。'其时儆曰：'收而场功，偫^{zhì}而畚挶^{běn jū}⑦，营室之中，土功其始。火之初见，期于司里。'此先王之所以不用财贿，而广施德于天下者也。今陈国，火朝觌矣，而道路若塞，野场若弃，泽不陂障，川无舟梁，是废先王之教也。

　　"周制有之曰：'列树以表道，立鄙食以守路。国有郊牧，疆^{jiāng}有寓望，薮^{sǒu}有圃草，囿有林池，所以御灾也。其余无非谷土，民无悬耜^{sì}⑧，野无奥草。不夺农时，不蔑民功，有优无匮，有逸无罢^{pí}，国有班事，县有序民。'今陈国道路不可知，田在草间，功成而不收，民罢于逸乐，是弃先王之法制也。

23

"周之《秩官》有之曰：'敌国宾至，关尹以告，行理以节逆之，候人为导，卿出郊劳，门尹除门，宗祝执祀，司里授馆，司徒具徒，司空视涂，司寇诘（jí）奸，虞人入材，甸人积薪，火师监燎，水师监濯（zhuó），膳宰致飧（sūn），廪人献饩，司马陈刍（chú），工人展车，百官各以物至，宾入如归，是故小大莫不怀爱。其贵国之宾至，则以班加一等，益虔。至于王使，则皆官正莅事，上卿监之。若王巡守，则君亲监之。'今虽朝也不才，有分族于周，承王命以为过宾于陈，而司事莫至，是蔑先王之官也。

"先王之令有之曰：'天道赏善而罚淫。故凡我造国，无从匪彝（yí）⑨，无即慆（tāo）⑩淫，各守尔典，以承天休。'今陈侯不念胤（yìn）续之常，弃其伉俪妃嫔，而帅其卿佐以淫于夏氏，不亦渎姓矣乎？陈，我大姬之后也，弃衮冕而南冠以出，不亦简彝乎？是又犯先王之令也。

"昔先王之教，茂帅其德也，犹恐陨越，若废其教而弃其制，蔑其官而犯其令，将何以守国？居大国之间，而无此四者，其能久乎？"

六年，单子如楚。八年，陈侯杀于夏氏。九年，楚子入陈。

注释

① 莱：荒芜。② 涂：同"途"。③ 庚积：露天的谷堆。
④ 场功：指修筑场地和翻晒、脱粒等农事。⑤ 蕲：茅芽。
⑥ 饩：粮食或草料。⑦ 偫：积储，储备。畚挶：盛土和抬土的器具。⑧ 耜：古代农具名，类似现在的铁锹。
⑨ 匪彝：违背常规。⑩ 慆：怠惰。

思维导图

写作技巧

单子的辞令艺术

①举出先王的教导、制度、训令

②又指出陈国废弃先王的教导、制度、训令

③既回答了周王的问题，又委婉讽谏了周王

叔向贺贫

春秋时晋国大夫叔向去见韩宣子（韩起），宣子正为穷困发愁，叔向向他道贺。宣子说："我有卿之名，但无卿之实，连和几个卿大夫来往应酬都常常是捉襟见肘，我因此正在发愁，你却祝贺我，这是什么缘故？"

叔向回答说："过去栾(luán)武子（晋国大夫）不曾有一百顷的田地，家里连祭器都不完备，但他发扬德行，顺应法度，名声传播于诸侯之间。诸侯亲近他，戎、狄(dí)归附他，晋国因此得到了安定。他执行刑法没有弊病，后来也因此避免了灾难。他儿子桓子骄傲奢侈，贪得无厌，忽视法制，逞纵私欲，放债取利，囤积财富，这人本该遭受灾祸，但赖于栾武子的德行，竟然得以善终。到了怀子，他一改父亲桓子胡作非为的行为方式，继承了武子的德行，本该免于灾祸，但终究因为父亲罪孽深重，自己不得不逃亡到楚国。再说郤(xì)昭子（晋国大夫）家吧，郤昭子的财富抵得上王室的一半，家人、属下占据了军中一半的官职，可是他凭借财势，横行国内，结果尸体被摆在朝廷上示众，宗族也在国都<ruby>绛<rt>jiàng</rt></ruby>城被诛灭。如果不是这样的话，那郤家出来的八个人，有五位是大夫，有三位是卿相，可以说显赫庞大之极了；可是一旦灭亡，没有一个人同情他们，这就是因为没有德行啊！

现在您有像栾武子一样的贫穷，我以为您也有他的德行，因此向您祝贺。假如不担忧德行未树立，却只担忧财产不够，我哀悼你都来不及，哪有什么可祝贺的？"

宣子听了作揖下拜，并向叔向叩头，说："我韩起也将灭亡，都是依靠您才得以继续活下去。不但我蒙受您的教诲，先祖桓叔的后代，都要拜谢赞颂您的恩赐。"

原文欣赏

　　叔向见韩宣子，宣子忧贫，叔向贺之。宣子曰："吾有卿之名而无其实，无以从二三子，吾是以忧，子贺我何故？"

　　对曰："昔栾武子无一卒之田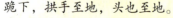①，其官不备其宗器，宣其德行，顺其宪则，使越于诸侯。诸侯亲之，戎、狄怀之，以正晋国。行刑不疚，以免于难。及桓子，骄泰奢侈，贪欲无艺，略则②行志，假贷居贿，宜及于难，而赖武之德，以没其身。及怀子，改桓之行，而修武之德，可以免于难，而离③桓之罪，以亡于楚。夫郤昭子，其富半公室，其家半三军，恃其富宠，以泰于国。其身尸于朝，其宗灭于绛。不然，夫八郤，五大夫三卿，其宠大矣。一朝而灭，莫之哀也，惟无德也。

　　"今吾子有栾武子之贫，吾以为能其德矣，是以贺。若不忧德之不建，而患货之不足，将吊不暇，何贺之有？"

　　宣子拜稽④首焉，曰："起也将亡，赖子存之。非起也敢专承之，其自桓叔以下嘉吾子之赐。"

注释

①一卒之田：即一百顷田地。上卿享受的待遇应该是五百顷田地。②略则：侵害法则，即做违法的事。
③离：同"罹"，遭受。④稽：一种古代礼节，跪下，拱手至地，头也至地。

写作技巧

文章写作思路

①韩宣子忧贫,叔向却祝贺他,宣子不解

②叔向举了栾武子一家三代兴衰的事例

③叔向讲述郤昭子家族富贵到极点而亡的故事

④叔向指出能保证韩氏兴盛的不是富贵,而是德行

⑤以韩宣子拜服感谢叔向作结

公羊传

　　《公羊传》，全称《春秋公羊传》。相传，它是孔子的再传弟子公羊高为解释《春秋》一书所作的，为研究秦汉时期的儒家思想提供了重要资料。它最初只在师徒间口耳相传，并没有形成书面文字，直到汉景帝初年才由公羊寿和胡毋生写定成书。《公羊传》的体例一般是先引《春秋》经文，然后自问自答，旨在阐发《春秋》中所包含的政治观点。

吴子使札来聘

《春秋》记载吴国的事情，对吴国君臣没有用国君、大夫的称谓，这里为什么又称国君，又称大夫呢？这是为了赞美季子。为什么要赞美季子？是因为他把君位让给了兄长。他让君位给兄长又是怎么一回事呢？谒、馀祭、夷昧和季子，是同母所生的四兄弟。季子年纪最小但很有才干，兄长们都喜欢他，都想立他做国君。谒说："现在如果仓促地把国家传给季子，季子还是不会接受的。我想我们不要传位给儿子而传位给弟弟，弟兄依次为君，最后把国家交给季子。"大家都说："好的。"所以这兄弟几人都有面对死亡的勇气，每到吃饭时必定祷告说："上天如果还要吴国存在下去，就赶快把灾难降到我身上。"所以谒死之后，馀祭即位；余祭死后，夷昧即位；夷昧死后，就应当轮到季子做国君了。

　　那时季子出使在外，没有回来。僚（liáo）是庶子中年纪最大的，即位做了国君。季子出使归来，回到吴国，就把僚当作国君看待。阖闾（hé lǘ）说："先君之所以不把国家传给儿子而传给弟弟，都是因为季子。如果遵从先君的遗命，就应当把国家传到季子手中；如果不遵从先君的遗命，那么就应该我做国君，僚怎么能当国君呢？"于是派专诸刺杀了僚，要把国家交给季子。季子不肯接受，说："你杀了我的国君，我接受你夺来的国家，这就变成了我与你合谋篡位。你杀了我兄长的儿子，我再把你杀掉，这是父子兄弟相互残杀，这样下去，一辈子也没有停止的时候。"于是离开吴国前往延陵，终生没有再回过吴国。所以君子把他不接受君位这一举动当作义，把他不提倡自相残杀看作仁。

　　赞美季子，那为什么吴国又出了国君、大夫呢？这是因为季子既然做了臣子，那就应该有国君了。"札"是什么？是吴国季子的名。《春秋》中对贤者不直书其名，这里为什么直书其名？这是因为赞许夷狄，不能因为他们有一件事做得好就认为他们已经很完美了。季子被认为是贤良之人，为什么还认为他不算完美呢？因为赞美人臣就要从为人臣子的角度上去赞美他，赞美人子就要从为人子的角度上去赞美他。

原文欣赏

　　吴无君、无大夫，此何以有君、有大夫？贤季子也。何贤乎季子？让国也。其让国奈何？谒也，馀祭也，夷昧也，与季子同母者四。季子弱而才，兄弟皆爱之，同欲立之以为君。谒曰："今若是诈[①]而与季子国，季子犹不受也。请无与子而与弟，弟兄迭为君，而致国乎季子。"皆曰："诺。"故诸为君者，皆轻死为勇，饮食必祝曰："天苟有吴国，尚速有悔于予身！"故谒也死，馀祭也立；馀祭也死，夷昧也立；夷昧也死，则国宜之季子者也。

　　季子使而亡焉。僚者，长庶也，即之。季子使而反，至而君之尔。阖闾[②]曰："先君之所以不与子而与弟者，凡为季子故也。将从先君之命与，则国宜之季子者也。如不从先君之命与，则我宜立者也。僚恶得为

35

君乎？"于是使专诸刺僚，而致国乎季子。季子不受曰："尔弑吾君，吾受尔国，是吾与尔为篡也。尔杀吾兄，吾又杀尔，是父子兄弟相杀，终身无已也。"去之延陵，终身不入吴国。故君子以其不受为义，以其不杀为仁。

贤季子，则吴何以有君、有大夫？以季子为臣，则宜有君者也。"札"者何？吴季子之名也。《春秋》贤者不名，此何以名？许夷、狄者，不壹而足也。季子者，所贤也，曷为不足乎季子？许人臣者必使臣，许人子者必使子也。

注释

① 迮：仓促。② 阖闾：《史记》认为阖闾是谒之子，《公羊传》认为他是夷昧之子。

写作技巧

三问三答，引出季札辞让不当国君的事。调动读者兴趣，拉近与读者关系

前后议论，中间叙事

①阖闾刺杀僚，将王位交给叔父季札

1. 开头议论

2. 中间叙事

②季子不受王位离开国都

①指责阖闾不仁不义

3. 结尾议论

②赞美季札有仁有义

穀梁传

　　《穀梁传》，全称《春秋穀梁传》。相传，它是孔子的再传弟子穀梁赤为解释《春秋》而作的。《穀梁传》与《左传》《公羊传》合称"春秋三传"。其中，《左传》重在记事，就是对《春秋》里很简单的记载详细补充；《公羊传》根据《春秋》里的句子专门阐发微言大义；《穀梁传》则重在解释《春秋》里的字词，并说明义理。《穀梁传》的体例和语言风格与《公羊传》很相近，但思想的丰富性和社会影响不及《公羊传》。

虞师晋师灭夏阳

  不是一个国家而称它"灭"，这表示重视夏阳。虞国没有出师攻打夏阳，《春秋》却提及了"师"，这是为什么呢？这是因为晋国出兵前，虞国就已经把夏阳陷于亡覆的境地了，所以不能不说虞国也出动了军队。为什么说虞国先于晋国陷夏阳于亡覆的境地呢？这是因为虞国的作为是夏阳亡覆的主要原因。夏阳，是虞国和虢(guó)国边境上的重要城镇。夏阳陷落，虞国和虢国也就唾(tuò)手可得了。

  说虞国是夏阳亡覆的主要因素，这是什么意思？晋献公想要去征讨虢国，大夫荀息说："国君为何不用屈地出产的良马和垂棘出产的玉璧去向虞国借路呢？"晋献公说："这些都是晋国的宝贝。如果虞国接受了我的礼物，却不借路给我，那我怎么办？"荀息说："这些东西就是小国用来侍奉大国的。它如果不借路给我们，就一定不敢接受我们的礼物。如果接受了我们的礼物，又借路给我们，那么这美玉就是我们从宫中的府库里取出来，存放在宫外的府库里；这良马就是从宫内的马棚里牵出来，放在宫外的马棚中。"晋献公说："有宫之奇（虞国大夫）在那里，他一定不会让国君接受这礼物的。"荀息说："宫之奇这个人心里明白但胆小懦弱，况且他又是从小和虞国国君一起长大

的。心中明白就会使他言语简略，胆小懦弱就会使他不能强谏，他从小和虞国国君一起长大，虞君就不会拿他的话当回事。况且玩物、宝贝就放在自己的面前，而灾祸却要在虢国之后，这是中等智力以上的人才能想到的。我料定虞国国君是一个中等智力以下的人。"晋献公于是向虞国借路去攻打虢国。

宫之奇向虞君进谏说："晋国的使者说话谦卑，送来的礼物却十分贵重，这其中一定有对虞国不利的地方。"虞君不听，接受了礼物，并借路给了晋国。宫之奇又进谏说："俗语说：'唇亡则齿寒。'大概说的就是这种情况吧。"于是带上妻子儿女一起逃到曹国去了。

晋献公灭掉了虢国，鲁僖公五年（前655），又灭掉了虞国。荀息牵着良马，捧着玉璧，走到晋献公跟前说："玉还是原来的玉，只是这马的年纪却增大了。"

非国而曰"灭"，重夏阳也。虞无师，其曰师，何也？以其先晋，不可以不言师也。其先晋何也？为主乎灭夏阳也。夏阳者，虞、虢之塞邑也。灭夏阳而虞、虢举矣。

虞之为主乎灭夏阳，何也？晋献公欲伐虢，荀息曰："君何不以屈产之乘^{shèng}①、垂棘之璧，而借道乎虞也？"公曰："此晋国之宝也。如受吾币，而不借吾道，则如之何？"荀息曰："此小国之所以事大国也。彼不借吾道，必不敢受吾币。如受吾币而借吾道，则是我取之中府，而藏之外府，取之中厩^{jiù}，而置之外厩也。"公曰："宫之奇存焉，必不使受之也。"荀息曰："宫之奇之为人也，达心而懦，又少长于君。达心则其言略，懦则不能强谏，少长于君，则君轻之。且夫玩好在耳目之前，而患在一国之后，此中知以上乃能虑之。臣料虞君，中知以下也。"公遂借道而伐虢。

宫之奇谏曰："晋国之使者，其辞卑而币重，必不便于虞。"虞公弗听，遂受其币而借之道。宫之奇又谏曰："语曰：'唇亡则齿寒。'其斯之谓与？"挈^{qiè}②其妻子以奔曹。

献公亡虢，五年，而后举虞。荀息牵马操璧而前曰："璧则犹是也，而马齿加长③矣。"

注释

① 乘：古代四匹马称为一乘，这里泛指马。
② 挈：带领。③ 马齿加长：马的牙齿随年龄的增长而增长，因此看马齿就可以知道马的年龄。

写作技巧

文章写作思路

①说明虞国虽然未出兵，但它是灭亡夏阳的主谋

②讲述晋国荀息主张以财物收买虞君

③又讲述荀息精准分析虞君和宫之奇的弱点

④虞国借道给晋国，导致自身灭亡

礼记

　　《礼记》，也称《小戴礼记》或《小戴记》，由西汉经学家戴圣编纂而成。它是战国至汉初儒家礼仪论著的总集，全书共二十卷、四十九篇，内容包括礼制和儒家哲学两部分，是研究中国古代社会、礼乐制度、典礼、祭祀、教育和儒家学说的重要参考书。

曾子易箦

曾子卧病在床上，病情已经很重了。他的弟子乐官子春坐在床下，曾子的儿子曾元、曾申坐在曾子的脚边，童仆坐在屋子的角落里，手里拿着蜡烛。

童仆说："这席子华美而光亮，是大夫用的吧？"乐官子春说："住口！"曾子听到后，吃惊地喊道："喔！"童仆又说道："这席子华美而光亮，是大夫用的吧？"曾子说："是的。这是季孙大夫赠给我的，我还没来得及把它换掉。曾元，你扶我起来，把席子换掉。"曾元说："您老人家的病已经很重了，现在不能更换。希望挨到天亮，再让我恭敬地换掉。"曾子说："你爱护我，还不如那童子。君子爱护人是从德行上去爱护他，小人爱护人是姑息迁就他。我还要求什么呢？我只盼望死得合于礼制罢了。"于是大家扶起曾子，换了席子，再把他扶回到床上，还没有躺安稳，曾子就去世了。

原文欣赏

　　曾子寝疾，病。乐正子春坐于床下，曾元、曾申坐于足，童子隅坐而执烛。

　　童子曰："华而睆①，大夫之箦②与？"子春曰："止！"曾子闻之，瞿然③曰："呼！"曰："华而睆，大夫之箦与？"曾子曰："然。斯季孙之赐也，我未之能易也。元，起易箦。"曾元曰："夫子之病革④矣，不可以变。幸而至于旦，请敬易之。"曾子曰："尔之爱我也不如彼！君子之爱人也以德，细人之爱人也以姑息。吾何求哉？吾得正而毙焉，斯已矣。"举扶而易之，反席未安而没⑤。

注释

① 睆：光亮。② 箦：竹席。③ 瞿然：吃惊的样子。
④ 革：同"亟"，危急。⑤ 没：同"殁"，死去。

写作技巧

① 曾子病危，坚持起身更换不合礼制的席子

一字解人物

1. "然"

② 一个 "然" 字，足见曾子对礼制的执著

2. "止"

① 曾子病危，童子毫不顾忌提醒曾子守礼

② 一个 "止" 字，足见子春的气急败坏

公子重耳对秦客

晋献公死后，秦穆公派子显去公子重(chóng)耳处吊唁(yàn)，并让子显带话说："寡人听到过这样的话：'丧失国家，常在此时；夺取国家，也常在此时。'虽然你正处于庄重严肃的服丧期间，但流亡在外也不可以太久，夺取君位的时机也不宜错过，希望你早做打算。"重耳把这些话告诉了舅舅子犯。子犯说："您还是应该

辞谢他的好意。失去王位、流亡在外的人没有什么宝贵的东西，只有仁爱思亲才算珍宝。父亲死了是一件多么重大的事情啊！如果借着父亲去世的机会图谋夺得君位，天下的人还有谁能替您说话呢？您还是辞谢了他的好意吧。"

公子重耳对子显说："承蒙贵国国君派您到我亡命之臣重耳这里吊唁的恩惠，我流亡在外，父亲死了，不能和别人一起在父亲的灵柩旁边哭泣，还劳烦国君替我担忧。父亲死了是多么重大的事情！我怎敢还有其他的想法，从而辱没了贵国国君对我的情谊呢？"说罢，对秦使叩头而不拜谢，然后哭着站起来，站起来后也不再与使者私下交谈。

子显把这些情况禀报给了秦穆公。穆公说："真是仁者呀，公子重耳！他叩头却不拜谢，是表示不愿成为国君的继承人，所以不行成拜之礼。哭着站起来，是表示对他父亲的一片赤子之心。起来不与你私下交谈，是表明自己要远离此时行动能给自己带来的利益。"

原文欣赏

晋献公之丧，秦穆公使人吊公子重耳，且曰：“寡人闻之：‘亡国恒于斯，得国恒于斯。’虽吾子俨然在忧服①之中，丧亦不可久也，时亦不可失也，孺子其图之。”以告舅犯②。舅犯曰：“孺子其辞焉。丧人无宝，仁亲以为宝。父死之谓何？又因以为利，而天下其孰能说之？孺子其辞焉。”

公子重耳对客曰：“君惠吊亡臣重耳。身丧父死，不得与于哭泣之哀，以为君忧。父死之谓何？或敢有他志，以辱君义？”稽颡^{sǎng}③而不拜，哭而起，起而不私。

子显以致命于穆公。穆公曰：“仁夫，公子重耳！夫稽颡而不拜，则未为后也，故不成拜。哭而起，则爱父也。起而不私，则远利也。”

注释

① 忧服：因父母去世而居忧服丧。忧，居丧。② 舅犯：狐偃，字子犯，重耳的舅父。当时重耳被逐出晋国，与狐偃等在外祖家狄人处避难。③ 稽颡：旧时父母去世，行丧礼时跪拜宾客、以额触地的礼节。

思维导图

写作技巧

人物描写

1. 狡诈的秦穆公

① "寡人闻之：'亡国恒于斯，得国恒于斯。'"

② 名为吊唁，实则试探，劝人夺权，善于权谋

2. 老谋深算的舅犯

① "丧人无宝，仁亲以为宝。父死之谓何？"

② 认为时机不成熟，让重耳谢绝秦穆公

3. 沉着的重耳

① 先问舅舅，并学舌"父死之谓何？"

② 稽颡而不拜，哭而起，起而不私

③ 虚伪的言论，完整的动作，展示高超演技

晋献文子成室

晋献文子的新居落成了，晋国的大夫们都前往送礼祝贺。大夫张老说："美极了，房屋这样高大！美极了，房间这样众多！可以在这里祭祀唱诗，也可以在这里居丧哭泣，还可以在这里宴请国宾、聚会宗族。"

文子说："我赵武呀，能够在这里祭祀唱诗，在这里居丧哭泣，在这里宴请国宾、聚会宗族，这样我就能保全身躯，从而跟随我的先人们葬于九原了。"说完，就向北面拜了两拜，叩头至地。当时的君子称赞他们二人一个善于祝颂，一个善于祈祷。

原文欣赏

晋献文子成室,晋大夫发焉。张老曰:"美哉轮焉!美哉奂焉!歌于斯,哭于斯,聚国族于斯。"

文子曰:"武也,得歌于斯,哭于斯,聚国族于斯,是全要^{yāo}领[1]以从先大夫于九京[2]也。"北面再拜稽首。君子谓之善颂、善祷。

注释

[1] 全要领:保全腰部和颈部,指不被腰斩、砍头。要:同"腰"。

[2] 九京:即九原,晋国卿大夫的墓地。

写作技巧

① "歌于斯，哭于斯，聚国族于斯！"

1. 大夫张老的贺词

② 祝愿赵武能在他的新居里有一个好的结局

祝颂与祈祷

2. 赵武的祈祷

① "得歌于斯，哭于斯，聚国族于斯"

② 北面再拜稽首

图书在版编目（CIP）数据

藏在古文观止里的那些事儿：思维导图彩绘版.②,
周文 / 新新世纪编 . -- 五家渠 : 新疆生产建设兵团出
版社 , 2022.3

ISBN 978-7-5574-1782-6

Ⅰ.①藏… Ⅱ.①新… Ⅲ.①古典散文－散文集－中
国②《古文观止》－青少年读物 Ⅳ.① H194.1-49

中国版本图书馆 CIP 数据核字（2022）第 032731 号

责任编辑 : 吴秋明

藏在古文观止里的那些事儿：思维导图彩绘版 .②, 周文
_____

出版发行　新疆生产建设兵团出版社
地　　址　新疆五家渠市迎宾路 619 号
邮　　编　831300
电　　话　0994-5677185
发　　行　0994-5677116
传　　真　0994-5677519
印　　刷　三河市双升印务有限公司
开　　本　710 毫米 ×1000 毫米　1/16
印　　张　35
字　　数　30 千字
版　　次　2022 年 3 月第 1 版
印　　次　2022 年 4 月第 1 次印刷
书　　号　ISBN 978-7-5574-1782-6
定　　价　198.00 元